JN438098

타래시동인회 스물여섯 번째 시집

들꽃의 시간

문학공원

차 례

발간사

참여작가

2021년 동인지 제25집 출판기념회, 제35회 시낭송회 제17회 시화전

2021년 타래시동인 스물다섯 번째 시집

행복을 실은 자전거 출판기념회

제17회 시화전 · 제35회 시낭송회

- 주최 : 타래시동인회
- 일시 : 2021년 10월 30일 토요일 12시
- 후원 : 양동이, 시와 동화로 꽃피는 세상
- 장소 : 셋이서문학관

타래시동인 스물다섯 번째 시집

행복을 실은 자전거

어서 오세요 어떻게 오셨나요
행복을 만나러 왔어요
망초꽃은 하얀 미소 한 다발 자전거에 실어줍니다

문학공원

2021년 동인지 제25집 출판기념회, 제35회 시낭송회

제17회 시화전 셋이서문학관

2021년 동인지 제25집 출판기념회, 제35회 시낭송회
제17회 시화전 셋이서문학관

2021년 동인지 제25집 출판기념회, 제35회 시낭송회 제17회 시화전 카페 - 양동이

2022년 타래시동인회 상반기 정기모임 카페 - 양동이

2022년 타래시동인회 하반기 정기모임 카페 - 양동이

타래시동인회 스물여섯 번째 시집

들꽃의 시간

문학공원

발간사

치유의 힘 healing power이 되기를

신다회 회장

하늘 맑아 바람 맑아 나뭇잎 알록달록 꽃이 되는 가을 들꽃 향이 두 볼을 지나가는 아름다운 날입니다. 가을 미소로 모두에게 행복한 특별한 가을이었음 좋겠습니다.

타래시동인회는 1995년 창립하여 지난해 제 17회 시화전과 스물다섯 번째 동인지 '행복을 실은 자전거'는 회원님들의 문학에 대한 사랑과 열정으로 이끌어 온 결과 였습니다.

28년이라는 긴 역사로 혼신을 다해 타래시동인회를 이끌어 오셨던 전 회장 이효녕 시인과 타래시동인 열일곱 명 작가님들께 감사와 박수를 보냅니다.

올해 스물여섯 번째 시집 『들꽃의 시간』 은 희로애락의 시간을 시인들의 감성으로 이끌어낸 순수하고 고귀한 시간들이 담겨있는 위대한 탄생입니다

코로나19로 인해 펜데믹시대를 맞이하고 자연재해를 받으며 삶 속에 스며든 위축과 무력감, 더 나아가 생계 어려운 고통까지 받아들여야 하는 현실 앞에서 작가들은 과연 어떻게 지혜롭게 이끌어가야 할까요?

무수한 시간 속에 올바른 가치관을 시 창작으로 승화하는 문학의 힘이 윌리엄 워즈워드가 말한 "치유의 힘 healing power"이 되기를 소원해봅니다.

어려운 현실이지만 스티브 잡스(Steve Jobs)처럼 끊임없이 비전을 가지고 책을 항상 가까이 하고 매일 아이디어를 메모하며 희망의 빛을 찾아간다면 밝은 내일 건강한 시간들이 눈앞에 펼쳐지리라 믿습니다.

『들꽃의 시간』 이 독자들에게 조금이나마 위안이 되는 행복한 시간이길 소망합니다.

2022년 들꽃이 좋은 어느 가을날

타래시동인회 회장 신 다 회

구영서

≪청계문학≫ 등단
웨스트민스터 대학교 졸업
안양대학교 문과대학원 졸업
사)남북사회복지재단대표
서평선교교회 담임 목사
저서 『영혼을 깨우는 편지』
『사랑은 행복을 꽃피우는 삶』

인생 외 5편

구 영 서

인생을 가리켜 풀과 같다 합니다
꽃과 같다 합니다
또한 나그네라 합니다

내일 일은 알지 못합니다
우리의 생명이 무엇이냐고 묻습니다
인생은 잠깐 보이다가
구분되어 없어지는 안개 같은 것입니다

겸손

때에 알맞은 말
적절한 대답은 기쁘게 한다
알맞은 말이 제때 나오면 참 즐겁다

사람이 마음으로
자기 앞길을 계획하지만
그 걸음을 인도하신 분은 하나님이다

겸손하면 영광이 따른다
이 땅에서 모든 욕망을 버리고
공의와 겸손을 구하라

칭찬

'네가 너를 칭찬하지 말고
남이 너를 칭찬하게 하여라'
칭찬은 다른 이가 인정해주는 것이지
자기 입으로 자화자찬하는 것이 아니다

악인은 뒤를 쫓는 사람이 없어도 달아나지만
의인은 지축이 흔들려도 담대하다
도가니는 은을 녹이고
화덕은 금을 단련하듯이
칭찬은 사람됨을 달아볼 수 있다

말

말이 많으면 허물을 면키 어렵습니다
그 입술을 절제하는 자는 지혜가 있습니다
말을 절제하는 것은 하나님을 경외하는 모습을 보여줍니다

의로운 자의 혀는 천금과 같습니다
착한 사람의 입술은 여러 사람을 바르게 살게 합니다
악한 사람의 마음은 신뢰도가 떨어집니다
미련한 사람은 지식과 교양이 없어 형제를 떠나게 합니다

성경은 말을 조심해야 할 것을
여러 가지로 말씀하고 있습니다

솔로몬은 이렇게 말합니다
'하나님은 하늘에 계시고 너는 땅에 있음이라
그런즉 마땅히 말을 적게 할 것이라'

진리

진리에는 '참된 도리'
'논리의 법칙에 일치하는 바른 판단'
'누구나 인정하는 보편타당한 사실'등 여러 해석이 있습니다

하나 덧붙여야 할 것은 믿고 따를 수 있고
실천에 옮겨지는 것만이 진리라는 사실입니다
노래는 입 밖으로 나와야 노래이며 종은 울려야 소리가 나듯
진리는 믿고 따를 수 있어야 진리인 것입니다

신앙인은 진리 앞에서 중심이 되어
믿고 따르고 증인 되어야 합니다
믿음의 말씀을 따르는 신앙이야말로
진리의 선봉이라는 것을 의미하는 것입니다

진리는 보이지 않는 속박으로부터
자유를 가져다줍니다
최고의 진리인 성경과 믿음을 따르는 신앙으로
순교자들의 삶을 통한 생명이 자유로울 수 있었습니다

기도문

‘나의 늙은 때에 버리지 마시며
내 힘이 쇠약할 때에 떠나지 마소서’
다윗왕은 이렇게 기도했나이다
이 기도는 내 생명이 끝나는 그날까지
하나님께 믿음으로 살고자 하는
간절한 나의 기도입니다

나의 신앙생활은 하나님께 맡기겠나이다
하나님께서 나를 붙잡아주시기 때문에
믿음의 승리와 기도의 영광이 가능한 것입니다
주 안에서 항상
임마누엘의 은혜와 평강이 임하시길 기도합니다
아멘

김남혜

(Kim Nam Hey)

아호는 은혜(恩惠), 시인 수필가
미) 캘리포니아 유니온 교육대학원 목회학 심리상담학 박사
서울기독대학교 대학원 사회복지학 문학박사
한국문인협회 회원
사) 한국국보문학회 경기도지회장
월간 한맥문학가협회 이사
현재 전국소월낭송문학가협회 회장
제26호 동인지 『내 마음의 숲』 발행인
경기대 원격교육원 사회복지운영교수
현 사회복지시설장
제9회 대한민국예술명인대전 수상, 세종문학상 수상
광복 77주년 예술대전 특선
시집 『상처는 가슴 속에 남아』
『내 사랑은 어디에』

구절초의 향기 외 5편

김 남 혜

산기슭
젖가슴에 소리 없는 말간 이슬
땅속에 줄기 뻗어 연정을 나눈 여인
화사한 울 엄마 닮아
부챗살로 피었다

초가을
미명의 해오름에
너무 예뻐 보고만 있어도 편해지는
물방울
닮은 벗 하나
옥정호 물들인 너

찻잔에
웃어 좋은 그런 인연 하나쯤에
눈 속에 떠다니는 순백의 파라다이스
첫사랑
그리움으로
웃고 있는 인동초
웃어주는 구절초

약속

커피 향기 멀리 모두
잃어버린 지금 나는
몸과 마음은 만신창이 되어가고

나의 삶 나의 인생
모두가 향기 없는 커피가 되어가니
어찌할거나 이 아픔을
뉘 어이 막을 수 있나

기다림을 모르고서
기다려 주지 않고
모두는 떠나가니

영원은 없는 것을
부질없이 가고 오다
만나고 헤어짐에
한평생을 어찌 알까

추석

거미줄이 엉켜있는 울밑
청포도 익어가고
늘어진 가지에 열매
한나절 햇살에
알알이 익어 맛 들이면
산들바람에 풀숲에서
노란 들국화 잎 내밀고
길섶에 고개들은 코스모스
하늘하늘 춤을 추니
만경창파에 벌레소리

노을빛에 메아리쳐
지나온 길 비질을 하고
베풀어 주신 조상님께
햇곡식 비벼 제를 올리니
온 가족의 눈빛 속에 그리움
풍년가에 하루해 지는구나

소라의 집

어디로 갈까
허기진 몸 하나 쉴 수 있는
해 뜨는 시원을 찾아 떠나고 싶다
시름을 날리려고

바다가 나를 부른다
씻고 또 씻고
금빛 은빛 햇살이 물어다 놓은
갈매기 너울 파도

심해에 나를 던진다
나는 무엇인가
하얀 파도가 물질하며 씻어놓은
몽돌 너울 파도

꿈이 있는
소라의 집

들국화

길섶에
찌든 더위 한나절
천둥 번개에 물폭탄
푯푯하게 천대받으며
인고의 언덕을 지킨 들국화

찬서리 몰아치는 달밤
빈 가지 밑에서
아침 햇살에 꽃향기에
떠난 임을 기다리며
떨고 있는 홍시에 웃음 짓고

오롯이 노을 진 언덕
풀숲에 향기 품고
임 기다리는 웃음소리
슬픈 홍시를 달래니
들꽃의 향기 공해에 떨고 있네

꽃

꽃송이
아름답고
향기 좋다
꺾지 말고

시들어
너부러지게
떨어진다
밟지 마라

베풀고 살았던
흔적
온힘 다해
살았으니

나윤선

경기도 강화 출생
월간 ≪한맥문학≫ 시부문 시인상 등단
한국방송통신대학교 국어국문학과 전공
한국방송작가협회 수료
한국서정문학인협회 회원
타래시동인회 회원
공저 『동행의 노래』 등 다수
E-mail : skg8986@naver.com

한 송이 장미 외 5편

나 윤 선

깊은 산길
외롭게 핀 장미

기다린 듯
활짝 웃고 있다

한 사람과
장미 한 송이의 만남

그 산중
떠나지 못하고 있다

그리움

마음속
그리움
그리는 방 하나 있다

그리고
그려도
꽉 채워지지 않은 방

마음속 아쉬움
풍선의 바람처럼
빠져나가나 보다

들꽃

드넓은 광야
소박하고 순수한
각양각색의 모습으로
이름도 모르는 꽃의 향연

비바람
뜨거운 태양
모두 이겨낸
승리자의 아름다운 모습
그 이름도 위대한
야생화여

커피

눈을 뜨면
생각난다

밥 먹고 난 후에도
생각난다

친구를 만날 때
비 오는 날
눈이 오는 날에도
일편단심

너무 좋은 당신의 향

매미

경쾌한 소리
처량한 소리
애절한 소리
절규하는 소리

구애받지 못한
애간장 녹이는
간절한 마음
저리 울어

8년의 꿈
끝내 이루어지리

파도

갈매기 춤추는 바다
하염없이 넓은 수평선
출렁이는 바다

내 마음
파도에 실어 보내네

박정구

1995년 ≪문학과 의식≫으로 등단 |
한국문인협회 회원, 고양시문인협회 회장 역임
(사)고양예총 회장, (재)고양문화재단 대표이사 역임,
시집 『떠도는 섬』, 『섬 같은 산이 되어』, 『아내의 섬』
『오늘은 제가 그리움을 빌려야겠습니다』
수필집 『설악에서 한라까지』 (상 · 하), 『백두가 한라에게』
산문집 『푸성귀 발전소』
한하운문학상 본상 · 경기문학상 본상 등 수상
이메일 : pjg6288@hanmail.net

겨울 강 외 5편

박 정 구

강바닥이 두꺼운 얼음으로 덮였다
첨벙첨벙 여름이 밟고 갔던 그 강바닥을
뚜벅뚜벅 행길을 걷듯 건넌다
발밑이 간질간질하다
발걸음 소리에 잠이 깬 피라미 버들치 모래무지
새벽 강은 저 홀로 잠들다 깨어나고
별처럼 반짝반짝 빛나는 얼음 밑 세상도
강촌 사람들처럼 봄을 기다린다
기다림은 길어도
소리 없이 흐르는 강물이 있어
눈물도 삭힐 줄 알고
한 세상 머물다 떠난 어머니처럼
원망도 잊은 채
얼음 밑 그들만의 세상에 갇혀있다
사람 사는 마을에 인적은 없고
강 건너
산 그림자로 내려왔다 슬며시 돌아서는
아버지 뒷모습을 본다

성묘

내가 묻힐 자리 풀을 깎는다
먼저 와 계신 아버지 어머니 문안 인사드릴 때 어디에서 왔는지
이름 모를 새 한 마리 먼저 다녀간다
바람도 돌아서 불고 햇볕만 모아지는 고향 집처럼 포근한 땅
우리 형제들은 하늘이 숨겼다 내준 명당이라 부른다
심고 가꾼 지 십 년 세월
잔디가 제 모습으로 자리를 잡았지만 아버지 봉분에는 제비꽃만 무성하다
개나리 철쭉 측백나무가 계절을 바꾸고 배롱나무는 한여름 무섭게 꽃을 피웠다
오늘은 온 가족이 함께 왔지만 나더러 외로울 때 선뜻 찾아온 이곳,
불면의 소식이 들려오는 날이면 열병으로 몸살을 앓았다
먼 바다 건너 또 다른 산소가 있지만 소식조차 물을 수 없었다
차라리 가을이면 낫지, 눈 감으면 징한 생각은 억새보다 더 무성하고
바다는 생각을 가로막고 저 홀로 출렁거릴 때
등대 희미한 불빛과 푸른 달빛만 오지게 쏟아지고 있겠다

49재

연천군 미산면 우정리
내 동생 만나러 간다
구불구불 구비 진 마음
임진강 가로지른 삼화교 넘고
꽃가마 세웠던 설운교 넘어
제상 차릴 음식 올망졸망
봄바람까지 더불어 간다

라일락꽃 불빛 환하게 걸어 놓고
엄마 아빠 곁에 오두막 한 칸
도란도란 오순도순
천상의 화원 아담한 터전
네가 없어도 세상은 돌아가고
네가 떠난 지 49일이 되었어도
안부조차 물을 수 없었다

쌀밥 한 그릇에 탕국을 올리고
네가 좋아했던 홍어수육삼합도 있지만
너 대신 우리가 먹을 이야기꺼리들이 수두룩하다

고향의 먹거리가 지천인데
모두 네 생각뿐이다

오늘은 너 떠난 지 49일
이승과 저승의 경계에서
장형이 너에게 술 한 잔 건넨다

공존

한 단지 안에 삼십 평 아파트와 십팔 평 임대아파트가 함께 거주할 수는 없을까

은행마을 숲속마을 단지가 갈리지 않고 동이 갈리지 않고 사람과 사람이 갈리지 않고 살 수는 없을까

넓은 집이라고 주차장도 놀이터도 사람이 다니는 길도 넓어야할까 좁아야 할까

내가 살던 아파트는 모두가 서른세 평, 차라리 공평하게 공정하게 똑 같아서 좋았다.

어른 아이 할 것이 고만고만한 얼굴을 마주봐서 좋았다

옆집 아래윗집 눈치 보지 않아서 더 좋았다

개나리 필 무렵 산수유도 피고 철쭉 필 무렵 감꽃도 피었다

산딸나무 흐드러지게 피었다 지면 라일락도 짙은 향을 품어냈다

화단 귀퉁이 작은 틈에 핀 수국은 작은 평수 탓 하지 않고 분꽃과 어울렸다

쥐똥나무 하얀 꽃 만발하고 조팝나무 하늘거린 아파트 안 풍경을 보면서

어디에서 이사 온 줄도 모르는 사람과 사람들이 아웅다웅 옹기종기 모여 잘도 사는데

어느 마을인가 풍문이 들린다

재개발 신축아파트에 임대아파트는 안 된다고 들어와서는 절대로 안 된다고

짝눈

눈이 짝짝이다
내가 바라보는 세상 모든 것이 짝짝이로 보였다
그랬구나
삐딱하게만 보이는 짝짝이였구나
그래서 마음도 짝짝이가 되었구나
눈물도 마르고 마른 눈 껌벅이며 눈물을 찾았구나
세상 어느 곳에선가 눈물 흘린 사람도 많겠지만
나는 그저 그 눈물조차 외면했구나
안과에 와서 한쪽 눈을 감고 외눈으로 바라본다
바라보는 세상이 드디어 제대로 보인다
차마 외면할 수 없는 세상도 한쪽 눈을 감으니 다시 보이고
두 눈으로 보지 못했던 세상 구석구석이 한 쪽 눈 안으로 들어온다
차라리 두 눈을 감아도 제대로 보인다
읽어야 할 것과 보아야 할 것 그리고 보고 느껴야 할 것들
아직도 보이지 않는 세상과 두 눈을 뜨고도 보지 못한 것들은 많다
외눈 속에는 보지 않아야 할 세상도 들어있다
아직도 내 눈은 짝짝이다

팃검불

주렁주렁 오디가 오지게 열렸다
제 무게에 못 이겨 축 쳐진
뽕나무 가지

그때도 어머니는 오디 한 소쿠리를 따 오셨다
해거름 으슥한 어둠을 몰고 와서
수건으로 툭툭 내려치면
어머니 온 몸에서는 별들이 쏟아졌다
아랑곳없이 우리는 오디를 먹느라 입술이 까맸다

오디를 소쿠리 채 물속에 담군다
제 몸무게로 둥둥 뜨던 검불을 거둬낸다
싱싱한 오디랑 섞여 들어온 잡티들,
골라내고 또 골라내지만

세월 가면 나도 둥둥
잡티로 남을까 무섭다
팃검불이 될까 두렵다

봉순희

충북 보은 출신
2011년 계간 ≪창조문학≫ 시 등단
한국문인협회 회원
은평문인협회 시분과 부위원장
창조문학 운영이사, 한여울문학 운영위원장
타래시동인회 회원, 한국스토리문인협회 회원, 문학공원 동인
제26회 창조문학대상 수상
은평문인협회 은평지회 백일장 수상

시집 『봄이 오고 있잖아요』
『생의 한 줌』
『빛과 어둠의 경계선에서』
공저 『한여울의 맑은 꽃』
『소우주시회 사화집』
『꽃은 울지 않는다』
『뉘앙스』 등 다수

E-maile 7975@naver.com

그 숲에 흐르는 노래 외 5편

봉 순 희

그 숲은
깊은 산중에 있는 것이 아니다
도시와 도시 사이에 있다

소나무 자작나무
키가 큰 상수리나무는
민들레 제비꽃과 같은 작은 풀꽃들의
의지가 되어주고
바람막이가 되어주고

한여름 그 숲에선
싱그러운 냄새가 난다
키가 큰 나무들은
하얀 백로 떼들에게
기꺼이 그들의 어깨를 내어주는
너그러움과 아량이 있다

고양마을
이케아 가는 길

평화의 마을 파란 뜰엔
하얀 새들의 사랑 노래가 흐르고 있다

하늘빛이 참 맑다네

벗이여
한겨울 광풍 불던
저 벌거숭이 산야에 봄꽃 소식이 있다네

세상의 온기마저 외면하고
켜켜이 철옹성을 쌓던
그 산야가 아니었던가
겨우내 쌓인 앙금을 훌훌 털어내고
새 친구를 맞이하는 담대함도 보았다네

어제도 오늘도
그 분노의 벽엔
원망만 자라는 줄 알았는데
봄 햇살은 자작나무 잔설을 녹이며
어느새 우주만물들과 손을 잡았다네

벗이여
자박자박 다가오는
봄의 기적소리가 들리시는가

어서 닫힌 창을 활짝 열어 보시게나
하늘빛이 참 맑다네

시인의 언어

깊은 사고와
고뇌를 하며 글을 쓰는 시인은
긴 장고 끝에
사념의 날개를 쳐낸다

한그루 올곧은 나무를 키우기 위해
미련 없이 잔가지를 쳐내야 하는
조경사와 같다

무딘 칼끝에
어찌 아픔이 없으랴

속울음 삼킨
상처의 그림자 속에
향기를 품은 시어가 탄생하는 순간
시인은 참 희열을 느낀다

가을 편지

바람이여
이 내 마음이 빨갛게 물든
이 갈잎 편지를
그리운 내 님에게 전해주오

나의 뜨락에 핀
노란 국화꽃 얼굴에
찬 이슬 한 방울이 도로로 떨어질 때
왠지 모를 슬픔에
외로워지는 이내 마음이여

이 편지에는
그대를 봄의 꽃길에서 만나
한여름 뜨거운 사랑이 담은
애틋한 사연이라오

바람이여
이 갈잎 편지 한 장을
그리운 내 님에게 정해주오

하얀 목련

안개비 내리는 새벽
빈 하늘에 하얀 등불을 켜고
두 손 모아 기도하는 여인이여

목련나무 밑동이 아닌
저 아찔한 가지 끝에 온몸을 던진
저 고결하고
백옥 같은 얼굴에는
그녀의 간절한 소망이 담긴
달빛의 맑은 향기가 흐른다네

고작 한 이레
이 암울한 세상을 위하여
제 몸을 향기롭게 불사르다 간
자비(慈悲)로운 촛불이었다네
절망에서 피어난
파-아란 불꽃이었다네

저 들녘을 보라

저 들녘에는
심오한 가르침이 있다

봄이 되면 언 땅과 가지 끝에
새 생명이 잉태되고
다시 태어나는 것처럼

먼데 갔던 얼굴 없는 바람은
여린 살갗을 살포시 깨우고
거칠게 일으켜 세운다

잎새에 사악하고 교활한 마음이
팔랑팔랑 춤을 추면
하늘은 먼저 알고
우르르 꽝 번쩍 세차게 심판을 한다

두려움을 아는 어질고 순수한 들판에
햇볕이 따사롭게 내리나니
초록은 춤추고
꽃잎도 피고진다

서정부
(徐正芙)

필명은 동백꽃
경남 고성 출생
시인, 수필가, 칼럼니스트
필명은 동백꽃, 아호는 병산(屛山)
한국문인협회 한국문학관 건립위원
한국영상문학협회 부회장 · 사무처장
청송시인회 이사.
한국SGI문학부 회원, 세계평화문화교육 활동 중
고양문인협회 회원, 한국영화학교밀짚모자 회원.
타래시동인회 회원.
재경고성문인협회 초대 사무국장
E-mail: sjb2243@naver.com

처서 외 5편

서 정 부

아침저녁으로 선선한 바람
땀구멍 뽀송뽀송 마사지 하고
한낮엔 솜사탕 뭉게구름 두둥실 떠가고
들녘엔 황금빛 수채화 펼쳐지는 곳
한낮 따가운 햇살 아래 논밭 곡식
제오미* 배어들게 하느라 분주하다

저녁이면 별들이 바삐 내려와
귀뚜리와 지난 여름 얘기 속삭이느라
온밤 지새우는 가을이 정겨우니
덮어두었던 책 펼쳐 읽기 참 좋은 계절
가을이 오면 누구나 철학자 시인이 되나 보다

* 세상에서 제일 좋은 맛

바다

바람이
파도와 춤추고
밤이면 별님 달님
내려와 얼굴 적시며
외로움 달래는 쉼터

오늘도
은비늘 반짝반짝
고기 떼 점프하는
신성한 오아시스 그곳은
삶에 지친 뭇사람 놀이터

태곳적
우주를 떠난 아름다운
지구별 생명 탄생 자궁
우리의 아늑한 시원
할머니의 품속이여라!

동반자

만남에서 사별까지
희망
사랑
용기
건강
행복
몽땅 서로의 가슴에
알뜰히 담아주며 보살피는
우리는 영원한 인생 항해사!

산 그림자

이른 찜통 무더위가
세상을 빨갛게 달군다

호수 옆 산들도
등짝에 흐르는 땀 씻으려
저수지 푸른 물에
풍덩 빠져
해 저물도록 온몸 적시느라
부끄러움 잊은 채
홀라당 벗고 물속 휘휘 젓는다.

안개

밤새 산봉우리마다

백발 머리 풀어 헤치고

승천하는 해탈 신묘하도다

연녹색 바다

언덕배기
계곡 곳곳
올 초봄부터
번지기 시작한 연분홍 불꽃

산과 들녘
다 꽃불 태우고는
어느새 보이는 곳마다
새 생명 널뛰는 초록불바다

얼굴 눈 가슴
마음 밭에도 활활
불길 치솟는 호수가
눈부신 민낯으로 출렁이다

뭇 영혼 춤추는
연초록 바다가
어제도 오늘도
막 범람하는구나!

신다회

아호는 채운, 시인, 시낭송가, 동화구연가
Creative Arts Theapist, Poetry Therapist.
≪문학과 현실≫ 등단
한국문인협회 은평지부 낭송분과위원장
국제PEN한국본부 대외교류이사
시화동화로꽃피는세상 회장
타래시동인회 회장
2019년 제1회 한국시니어시낭송대회 주최
자랑스런한국인 시낭송발전 최우수대상
자연환경예술 문학 대상 수상
제16회 천등문학 한국시낭송가 대상
『신다회 시인 시낭송』 CD 출시
『꽃으로 피는 시』 신다회 시낭송 2집 발행
E-mail : edustory@hanmail.net

봉숭아 꽃물 외 5편

신 다 회

매미 울음소리
서산마루 넘어가면
마당의 모닥불
모락모락 행복이 피어난다

콩칼국수
감자 옥수수
구수한 냄새
평상으로 식구들을 부른다

별들도 내려와 겸상한
배부른 저녁
정성스럽게 열 손가락에
꽃물 들여 주시던 어머니

고단한 땀방울
잠시 쉬는 밤
아버지 어머니 팔남매 꿈이
손톱에 빨갛게 피어난다

희망을 쏘다

바람아 멈추어라
활시위를 당긴다

언덕을 지나
비수를 뚫고
화살이 시름을 가른다

딱!
관중이다!

145미터 과녁이
방긋 웃는다

고추잠자리

토닥토닥
힘내!

어깨 위
살포시
내려앉은
그대

와인과 나

와인 잔에 앉은
핑크빛 미소
달콤한 향

로맨틱한 자태로
다가온다

'말은 입술 위의 와인'
버지니아 울프의 명언

짠!
건배와 함께

우아한
신의 눈물
한 모금이
입술을 녹인다

오월의 바람

한숨도 꽃인 양
바이러스 세상에
솔솔 피어나는 꽃

봄 명품관
VIP 고객 호랑나비
도도한 양귀비
입술을 훔치고

쇼윈도
오월을 입은 여왕의 몸엔
아까시 향기가 풀풀

꽃바람일까
고추바람일까

나비의 기도

꽃의
미소와 슬픔
분별할 수 있는
혜안(慧眼)을 주소서!

신태진

아호(雅號) 인산(仁山)
경기도 안성 출생
2013년 ≪시조생활≫ 신인문학상 수상
세계전통시인협회 한국지부 회원
은평문협 회원
타래시동인회 회원
(전) 국가공무원 근무
(현) ㈜ 지화기술단 전무이사
한국정보통신감리협회 전문위원

아버지 외 5편

신 태 진

칡넝쿨 엉키듯이 살아온 옛 세월
한겨울 냉기(冷氣) 서린 떠나간 그림자
메마른 가슴으로 불러보는 마음속 아버지!

침묵의 검은 허물 닫혔던 속마음을
한 꺼풀 벗겨내니 어릴 적 아버지 품
정겨운 그날 숨소리 귓전에 들려온다

뼛속에 새겨있던 투박한 그 사랑에
뭉쳐진 응어리가 정수리로 솟구치며
손가락 꾹꾹 깨물며 굵은 눈물 흘린다

구멍 난 양말

튀어난 발뒤꿈치 부끄러워 돌아앉아
거칠은 속살 한 점 살며시 드러내어
구멍 난 아킬레스건 가슴 속을 보인다

첫날밤 창살구멍 방안이 드러나며
새하얀 어깨 죽지 달빛에 비치는데
목덜미 뜨거운 바람 닫힌 방문 열린다

감춰진 부끄러움 구수한 뒷방 내음
가둬 논 돌방죽이 일순간 무너지며
용천(湧泉)이 솟구쳐 올라 한순간에 뚫린다

족두리봉

비온 뒤 호젓한 녹번 능선 오르니
저 멀리 연봉 사이 수줍은 새악시가
살며시 햇빛 받으며 젖가슴을 내민다

어렴풋 다가오는 향로봉 저녁노을
물들은 족두리 봉 한 아름 안아보니
풋풋한 엄마 젖내음 가슴 속에 묻는다

한낮에 달군 바위 뜨거운 열기 품어
어스름 하산 길 달빛을 벗을 삼아
호젓한 소나무 숲속 소주잔이 오간다

단감

뜨거운 햇볕 받아 가슴에 물들이고
고요한 달빛 취해 눈가위 충혈됐네
단내음 속살 드러낸 까치먹이 꿀단감

뒷마당 늦은 햇살 그림자 드리우고
빠알간 전등 켜듯 서낭당 밝혀주는
해질녘 단감에 물든 저녁노을 붉은 꿈

초겨울 남실바람 잔가지 흔들대고
매달린 애처로움 긴 가슴 울렁대니
차라리 피지나 말 걸 감나무 꽃 꿈 바람

봄이 오는 소리

겨우내 얼어붙은 개울가 둔덕 위에
다락밭 눈 헤집고 빼꼼이 내민 새순
숨죽여 기다린 순간 봄 향기 내뿜는다

통나무 다리 아래 실개천 얼어붙어
한겨울 몸 사린 채 숨죽여 간직한 봄
졸졸졸 고요함 깨며 나릿물 흐른다

호젓한 명당자리 각황사 앞마당에
자목련 활짝 피어 등산객 반기우고
뒷마당 응달 우물가 눈 녹이며 봄 온다

수국(水菊)

학 바위 양지 녘에 고고히 돋은 자태
푸르름 품에 안고 인자함 묻어나네
봄 향기
뿌려진 내음 고운 모습 어머니

관악산 오름계곡 단아한 정갈함에
숫각시 부끄럼이 하얗게 피어있네
실바람
요요한 춘색 헤집어 논 사내 맘

이다정

서울대 농업생명 CMS ELP 수료
≪다온문예≫ 신인작품상 수상 등단
다온문예문학상 대상 수상
한국문인협회 회원
타래시동인회 회원
민주평화통일자문회의 자문위원
대한체육직장인스포츠댄스 이사
가요앨범 2집 발표
E-mail : sukhun6752@daum.net

가을 외 4편

이 다 정

황금물결 일렁이는 들길 옆
코스모스 여기저기 지천으로 피었고
그때 기차가 지나갔다
그리고
그제야 지루한 오후가 찾아왔다
첫사랑 뽀얀 젖가슴 같은 시절
떨리는 손으로 새색시 고운 옷고름 풀던 날
아름다운 대지는 푸른색 도화지이고
흩어지는 하얀 그림을
마냥 하늘에 그려내고 있다

가을이 흔들린다

유리창을 통해
적막한 밤하늘 바라보면
세찬 바람이 흐느끼고
가을 감잎 물든 지친 해는
석양은 한강에 물들이고
눈이 내리기 재촉하듯
서산에 기우는데
네 몸속에 핀 들국화 위로
저 머나먼 절정에서 멈추는 바람들
이 세상 시간 밖으로
누구를 보내는 것이냐
울긋불긋 아름답던 단풍잎
지난날의 그리움 안고
갈바람 껴안으며
나부끼듯 몸부림치고
빈 나뭇가지 떠는데
어찌 가랑잎은 몸속으로 날아들어
바람이 되고 싶은 걸까요?

산을 오르며

산은 갈증 씻어주는 오아시스
계절의 미로로 어딘가 헤맬 때
산 숲에 피어난 이름 없는 풀꽃
초라한 낙엽 닮은 새 몇 마리
젖 물려 생떼같이 키웠더니
처신없이 말짱한 옷 벗고
동장군 품에 넉넉하게 안긴 겨울 산
친구로 와서 나의 꿈 깨워주고
잠자는 구름 깨워 놓은 다음
지금 높이 올라 산정에 혼자 있다
화려한 꽃과 현란한 단풍
골짜기마다 흐르는 물결
모든 산 굽어 안은
어머니와 같이 아늑한 품속
바람이 부는 대로 나무는 한들거리고
다시 서걱거리는 힘겨운 억새 숨소리
솔숲마다 바닥에 고여버린
가슴에서 쪼개진 달 줍는다
저마다 찬란한 빛 꿈꾸며

찬바람이 귀를 여는 추위
메마른 산정에서 머뭇거리는
잎사귀 모두 털린 앙상한 나뭇가지
가까운 하늘이 너무 애처로워
공중에서 눈 이불 토닥여 덮어주며
땅의 표면 하얀 눈꽃 핀
추억을 담는 절경에 눈이 찔려
나도 모르는 사이
내 눈이 몹시 아프다

우아한 노년

무료하게 지나는 시간이
아까운데 함부로 쓰지 말고
할 일이 너무도 많은데
괜한 일에 참견치 말자
모든 일에 불평하지 않으며
남을 의심하지 말고
사는 것에 절망하거나
남과 덧없는 경쟁은 피하자
세상을 사랑하고 하는 일에
여유를 가질 것이며
작은 잘못은 용서하고
베푸는 아량으로 살아가자
이런 마음으로 사는 것이
늘 소중한 것이다
오늘을 살아도 내일이 없다면
그것이 인생의 끝이요
내일이 와서 오늘 같이 산다면
그것은 또 다른 시작이다
오래된 나무에서 좋은 열매가 열리고

가장 아름다운 빛은 저녁놀이다
흐르는 세월을 야속하다 원망 말고
이렇게 천천히 우아한 노년을 맞이하자

당신

늘 마르지 않는
향기로운 꽃 당신의 마음입니다
매일 아침 꽃에 물을 주는 내 마음이
꽃잎처럼 이쁘다시며 볼에 키스해주시던 당신
세월이 가고 또 그렇게 낙엽이 진다고 해도
우리 사랑의 꽃 시들지 않도록
향기로운 행복만 주시어요

이성순

아호는 수림(樹林)
전북 부안 출생
≪창조문학≫ 시 등단
≪문예한국≫ 수필 등단
한국문인협회 회원
국제PEN한국본부 회원
계간문예작가회 이사
창조문학회 회원
은평문인협회 이사
편지마을동인
타래시동인회 회원
시집 『바람의 땅』
수필집 『움직이는 허수아비』

날치알 외 5편

이 성 순

뚝배기에 담긴 알밥을 먹는다

씹을 때마다
밀려오는 파도소리
하늘가 갈매기 노래
입 안 가득 들어찬 밀물
날치 알 터지는 바닷소리

뚝배기에 담긴 알밥을 먹는다

의자

,

쓰레기차

첫새벽 눈 비비고 주위의
필요 없는 것들 치우러 다닌다

비 오는 골목길 여름 썩는 냄새
눈보라치는 날 빙판길 미끄러워

꽃시장에서 향기롭고 예쁜
꽃 배달이나 했으면 좋으련만

회장님 모시는 승용차 친구
이삿짐 옮기는 트럭친구 부럽다가도

사고 난 응급차와 세상 떠나는
영구차 친구가 아니라 천만다행

근처의 악취 나는, 더럽고
쓸모없는 것 치우는 게 더 보람

이다음엔 학생들 태우러 다니는
등하굣길 스쿨버스로 태어나면 어떨까

무지개

침묵의 언어들

고운 빛깔로 얘기하다가

사라진다

피겨의 여왕

빙판에 미끄러지면서도
넘어지지 않는 너의 마력

예리한 칼날에 온몸 맡긴 채
제비처럼 날아가는 어름위의 춤사위
오르골처럼 돌고 돈다

온 누리의 별로 떠서
눈부시게 비상하는 우리의 여왕
겸손하게 덕을 베풀기도 하며

홀로 선 정상을 이젠 함께할
그를 만나 더 밝은 내일을 꿈꾸며
더불어 사는 세상을 펼친다

청포도

무슨 할 말들이 그렇게
많은지
주렁주렁 주렁주렁
빛나는 눈동자의 푸른 빛

조금만 기다려다오
7월이 지나면
날밤 지새우며 다 들어줄게
네가 못 다한 이야기

조홍래

≪문학고을≫ 시부문 신인작품상 수상 등단
≪한국작가≫ 시부문 신인작품상 수상 등단
현재 ≪문학고을≫ 자문위원
2009년 - 2018년 학원프렌차이즈 사업
2019년부터 현 양동이 대표

E-mail : chodalsa@daum.net

해바라기 외 4편

조 홍 래

폭우가 덮쳐
해바라기꽃이
맑은 날 꿈을
피지도 못하고
침수되었습니다

몸과 마음도
비에 상처만 남고
물만 빠지기를
고개 숙여
바라만 봅니다

햇살을 볼까
몸을 일으켜 보지만
진흙탕으로 변해버린 상처는
아물지도 않은 희망을
묻어갔습니다

삼 년이 지난

역병도 가시기 전
긴 여름비에 잠겨
빨리 가면 갈수록
더 젖기만 합니다

느릿느릿
바람 불면 깃털이 되어
자연에 순응하며
날아보려 합니다

중앙선

숲 사이
어둠이 깊어
끝이 없어 보이는
검은 길이 불안해집니다

노란 선은
지름길을 건널 수 없는
마음 밖에서
시간 내 도착해야 하는
초조함에 끌려가고

도로 위
날짐승 시신은
짓눌린 핏기 없는
붉은 흔적만 가슴에
빨갛게 남아

네 마음 안에서
서로 다른 방향

같은 반쪽의 평행선을
가깝고 먼 길 찾아갑니다

9월의 아카시아꽃

왜 오지 않으면서
날 부르는 거요
마음을 주지 않을 거면
스치는 바람에도 땅에 떨어져
밟힐까 걱정입니다

왜 두드려보는 거요
디딤돌에 장단 맞추며
콧노래가 흥겨워 보이겠소
구부렸던 몸도 두드린다 해서
펴지는 것도 아닌데
콧노래 부르지 마시오
어머니처럼

왜 기억하는 것이오
사라질 잎인데 아픈 상처
아물 때까지 떨어지게
내버려두시오

5월의 봄 어느 날
당신을 찾을 것이오
포도송이처럼 흰 고깔을 쓰고
그때까지 내버려두시오
몸에 아직도 가시가 남아
치유 중이오

춘자

비 오는 날
떠남을 멈추시오
놓아주기 싫은 빗줄기가
하염없이 볼을 따라 내리면
누구의 슬픔인지
모르잖아요

해맑은 햇살에
그림자도 한 줌 남기지 말고
꿋꿋하게 서서 걸어가시오

바람에
그지없는 풀이지만
생생하게 서 있는 강아지풀처럼
버텨보시오

내가 흔들려
당신을 쫓아가기에는
마음이 낙엽처럼 가벼워

더 갈 수 없기 때문이오

멈추지 마시오
구름 저 너머 하늘에
우주의 신비가 있다면
그곳에서 만나지요

이승에
사랑인 척
좋은 것만 하기에
여기는 아닌 듯합니다

사랑니

스무 해쯤
동고동락하던
어머니가 빠졌습니다

꺾여 넘어지지 않도록
세파의 지지대처럼 받쳤던
바위 같은 존재를 잊고
살았습니다

버려질 자리에
묵묵히 견뎌야 했던
운명의 아픔도

씹히지 않는
없어서 안 될
과묵한 사랑에
어머니가 스쳐갑니다

최국희
(崔菊熙)

아호는 아인(雅仁)
경기 용인 출생
≪창조문학≫ 시 등단 (2012)
창조문학 운영이사
한여울문학회 회원
타래시동인회 회원
비단산 문화축제 백일장 심사
한국문인협회 은평지부 백일장 수상
동인지 『한 여울의 맑은 꽃』, 『꽃은 울지 않는다』
『은평문예』, 『행복을 실은 자전거』 등
E-mail : cookie910@hanmail.net

그대의 몸에 나를 싣고 외 5편

최 국 희

그대는
아주 작디작은 물 알갱이
생명의 시원(始原)

하늘을 날아다니다가
구름이 되고
이슬이 되어
메마른 대지에 스며들어 생명수가 되었다

시든 내 가슴에
은밀히 찾아와
내 마음 두드리니
나 분연(奮然)히 일어나 함께 하리라

대지에 핏줄같이 얽혀져 있는 미로를 뚫고
몸 안에 갇혀있는 막힌 혈관을 시원스레 통과하듯이
자연을 살리는 젖줄이 되고
생명을 살리는 물줄 되어
산하와 온 도시를 휘-돌아

<
감로수가
실개천으로
도도한 강물이
드넓은 바다로

끝없이 이어지는
생명의 잉태와 정화
다시금 작디작은 알갱이가 되어
시원을 향해 날아오르다

그대의 몸에 나를 싣고

독백의 시간

1.
이렇게 황망할 줄
너와의 결별(訣別)이라니

연인이요
곁을 지켜주는 든든한 친구이듯
언제까지나 함께 할 줄 알고 있었어

한없이 사랑스럽고 예쁜 너였기에
끝내 지켜주지 못한 나는
깊은 소용돌이에 갇힌 채 오늘도 허우적거린다

온몸이 불에 덴 듯 화끈거리고 얼얼하다
팔다리 꺾인 듯
살점이 떨어져 나가는 듯

그저 마음 한 곳 아득할 뿐
어디에 머리를 두고 하소연하오리까

2.
하늘이여
땅이여
나의 우매(愚昧)함이여

그동안 너와 함께했던 무심한 세월
하나둘씩 떠나보낸
나의 분신들

다시 만날 수 없는…
저 바람에 일렁이는 물살에
흘려보내야만 하리

* 수술 한 달째 되는 날에 (2022. 5. 27.)

열사흘 둥근달이

신(新)새벽
누군가 날 부르는 소리 있어
꿈결인 듯 뜰아래 내려서니

문틈사이로
신령(神靈)한 빛 새어나와
와락 달려들어
나를 끌어안은 그대는 누구인가

간밤에
열어놓은 창(窓)으로
수줍은 듯 사뿐히 내려앉은
그대의 고운자태
그윽함이 방안가득 흐르고

싸- 하니
설레이는 마음 주체할 길 없어
창밖 하늘을 우러러보니

<

우둔한 내 마음 밝혀주는
열사흘 둥근달이

가던 길
멈추고 뒤돌아서서
나를 보고
빙긋이 웃고 있네

하얀 추억

가만히 들여다본다
마알간 물속을
비스듬히 누운 햇살은
깊은 오수에 빠져들고

그 투명 속으로
아장아장 걸어가는
쪼그만 계집아이

앙증맞은 두 손으로
까만 돌멩이에 붙어있는
다슬기 하나 떼어낸다

그 순간이다
하얗게 눈부신 햇살이
물 위를 찰방거리며 달려와
얼굴을 간질이고 있다

아 눈감으면

어제 일처럼 떠오르는
아련한 그리움이여

능소화 사랑

행여나 오시려나
기다리는 이 마음

담장 밖 골목길에
꽃등을 내어달고

고운 님
오시는 길을
온몸 밝혀 비춘다

어제 오늘, 그리고 내일

길을 걸었다
오늘도 나는
걷고 또 걷는다

가던 길 멈추고 뒤돌아보니
어제의 나는
이미 잠든 채 누워있고

하늘을 우러러보니
내가 나에게 묻고 있다
어디로 가고 있느냐고?

최남건

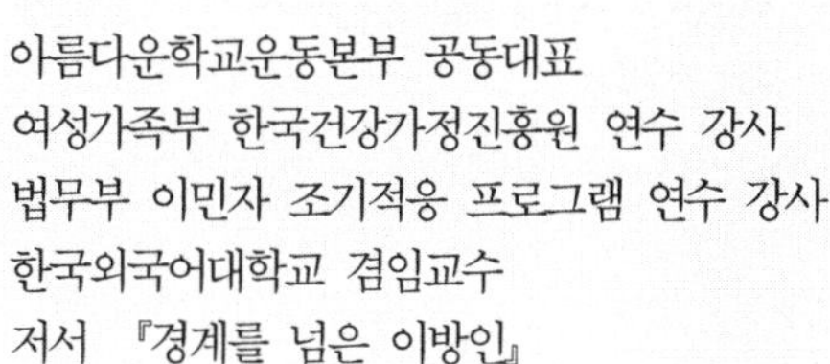

아름다운학교운동본부 공동대표
여성가족부 한국건강가정진흥원 연수 강사
법무부 이민자 조기적응 프로그램 연수 강사
한국외국어대학교 겸임교수
저서 『경계를 넘은 이방인』

양동이에서 외 5편

최 남 건

원흥 솔밭마을 기슭
커피 볶는 집 양동이 너머
오드리 헵번 이마를 닮은
파란 하늘에 토실한 밤송이
익어가고 있을 즈음
하얀 구름 한 점
긴 꼬리를 살랑거리며
북한산을 향해 떠가고 있는 하오(下午)
내 가슴 속에 일렁이는 가을볕은
통영 바닷가 갯메꽃 위에
잠시 서성이다
해간도 푸른 물결에 흔들리더니
또다시 로마 트레비 분수 위에 머문다
시향과 커피 향, 햇사과 빛깔 가을향이
가득 담긴 양동이에
흔들리는 내 덧없는 세월을
남긴 채 길을 나섰다

그런 하루였다

가을이 온다

내 가을은
파바로티 목소리에 실은
카루소가 듣고 싶다는 신호가
가슴에 전해지며 시작된다

여인을 향한 정염 같은 여름날이
스러지는 그곳에서
가을은 피어나고
바람결에 흔들리는 나뭇잎
초록이 시름시름 앓을 때

선암사 겹벚꽃잎 온천지에
흩날리던 그 황홀한 풍경
끝 모를 그리움 가득할 때
아득한 울렁임 속으로
봄날이 오듯

가을은 그렇게 내게로 온다.

숲길

1억7천만 년 시간을 거슬러
잠시 대지와 아픈 대화를 나누고
돌아오는 길에

백발성성한 노부부
진관사 가는 길 알려드렸더니
굽은 허리 꼿꼿하게 펴시고
하얗게 웃으신다

삶이란 태어나서 죽는 사이를
잠깐 살다가 떠나는 것
굽은 숲길로 발을 옮기시는
두 분의 뒷모습에서
내가 겹쳐 보이는 것은 어인일일까

하늘과 맞닿은 북한산 능선에
천 길 낭떠러지 같은 가을이 펼쳐지고
숲속에는 여름 한철
이별 준비로 분주하다

광릉 수목원

수양대군이 묻혀 있는 광릉에 올라
눈앞에 펼쳐진 나무바다를 보고 있으면
칼날 같은 수평선(樹平線)에
눈을 살짝 베일 수 있다

소리봉 아래 육림호로 흘러내린
숲속의 속삭임이 밤낮으로
늘상 소란스러운 곳
수해(樹海) 파도위에 몸을 맡기고
가만 소리에 귀 기울이면
절로 탄성할 준비를 하는 것이 좋다

그 무지막지한 육이오 폭격도 피했다는

광릉수목원에는
멋쟁이 크낙새가 둥지를 틀었지만
사람들 등쌀 못 견디고
설악산이라든가
금강산이라든가

어디로 갔는지 알 길이 없다
한때 세상 천지에
광릉수목원에만 살았다는 그들이
언제쯤 돌아올지 모를 일이다

이름도 요상한 광릉요강꽃이
터를 잡고 살아가고 있어
가시내 엉덩이를 상상하며
즐거운 한 때를 보내는
엉큼한 남성들도 더러 숲을 찾는다

수풀떠들썩팔랑나비는
광릉수목원에서
가장 긴 이름을 가진 숲의 전령사다
숲속을 팔랑팔랑 날아다니며
아름다운 얘기를
백조 깃을 닮은 날개 위에 싣고
여기저기 퍼뜨리는 일로
오늘도 여전히 바쁘다

터줏대감 복자기나무는
가을이면 붉은 단풍으로 온 숲을
물들여 사랑을 나누는 연인들의
발간 수줍음을 감춰주는 미덕이 있다

가을 숲에서 연인들이 당당하게
사랑을 나눌 수 있는 것은
무엇보다 이 나무의 공이 크다

토끼와 함께 달나라에 살고 있던 계수나무는
은하수 다리 건너 수목원에 내려와
가을이면 솜사탕 향기를 숲속에 가득 채워
어릴 적 소풍날을 자꾸 그립게 하는 재주가 있다
숲길을 따라 거닐다 솜사탕 냄새가 코끝에
일렁이거든 고개를 들어 하늘을 보면 그곳에
훤칠한 나무 몇 구루가
그대를 내려다보고 있을 것이다

오늘도 광릉수목원에는
무수한 생명들이 저마다의
숱한 사연들을 간직한 채
그 숨결들 나무사이에 머물고
휘돌아 흐르는 왕숙천은
푸른 속삭임을 담아 한강으로 흐른다
자유롭고 또 조금 쓸쓸하게

영광 단상

영광에는 살진 굴비도 엮이고
위태로운 핵발전소도 있지만
무안 황토고구마 속살 같은
고운 흙으로 갈무리한
정겨운 기찻길 닮은 황톳길이
천연덕스럽게 내달리고 있다

스스로 신발을 벗고
해수욕장 여인들 겉치레 훌훌 벗어던지듯
양말도 벗어야만 출입을 허락하는
원시의 땅,
맨발로 흙길과 만나는 감촉은
사랑하는 연인의 손길이거나
간난아가의 볼 살이거나

어머니는 생선 중에
영광 굴비를 유독 좋아하셨다.
존함마저도 인자하고 순한
박인순 여사는

지금 하늘나라 주민으로
행복하게 살고 계시다는
전갈이 가끔 온다
잠결에 문득 등이 가려울 때면
셋째야 등 긁어주랴
어디선가 들리는 듯
마디마디 굵어진 거친 손바닥
시원하게 쓱쓱 문질러주시면
반갑다가 또 죄인처럼 가슴이 저려온다

그림자

어느 날 문뜩
거울 속에 비친 내 모습을
망연히 바라보고 있었다
생기 잃은 시선들이 교차하고
저 사내가 정말 나일까
한참이나 생각하다
슬며시 돌아서는 순간
셀 수 없는 회한들이
땅거미처럼 스멀스멀
거울 밖으로 기어 나와
온몸을 포박하는 바람에
그날 나는 가위눌린 듯
거울 앞에 화석이 되었다

최 림

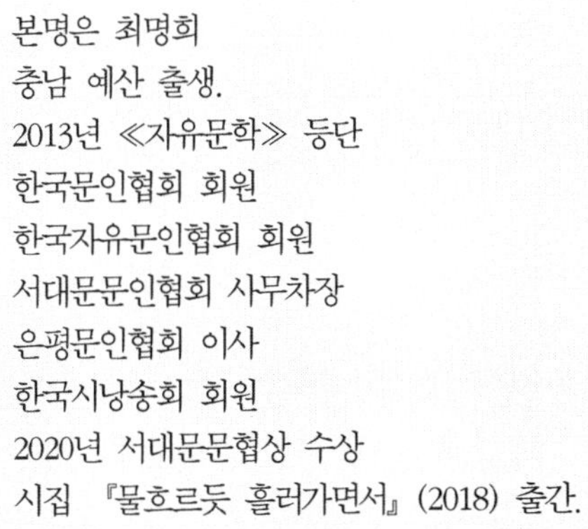

본명은 최명희
충남 예산 출생.
2013년 ≪자유문학≫ 등단
한국문인협회 회원
한국자유문인협회 회원
서대문문인협회 사무차장
은평문인협회 이사
한국시낭송회 회원
2020년 서대문문협상 수상
시집 『물흐르듯 흘러가면서』 (2018) 출간.

별꽃씨 외 5편

최 림

높이곰 솟은 달,
넓은 해 품에 안겨
하늘 해와 타오르고 싶은 별꽃송이
달덩일 안고 꽃잠을 잔다
둥근달 뱃속엔 아기별 꽃씨가 가득하다
은하길로
별 꽃길로
하마 달려 나오려나

불머리야

가마솥 붉게 달구는 장작개비들
너울너울 불꽃 춤사위 잘도 펼친다
그 열기 셈여림 없는 점점 세계의 새 세계다
머릿속에서도 장작 타는 소리 소리야
아, 불머리야.

새벽 창문 열다

한 날 뿐 어젯날 갔다,
붉은 노을 안고

새날
그날들 그 꼬린 끝이 보이질 않는다

아침 창 열렸다
커피 향 가득한 푸른 벽돌집

비 내리고 피어난 인 꽃들
깊은 웃음 주름 곱게 접고 있다

그날 또 다른 날들 위엔
하늬바람 · 초록빛 대나무 숲 · 참 나뭇결 새겨진다

땀방울로 빚어진 도자기에
빛 고운 사랑 가득 담는다

새벽 창문 여닫는 소리

작고 큰 그릇 안엔 무르익은 삶
깊은 맛 내는 새날이네.

청홍 색실 한 올

하얀 모시 보자기 안에
청홍 색실 한 올 풀어 놓는다
실파람은 모퉁이 둘레길 돌아 나온다
중심 자리엔 청홍 색색 수 놓인다
손끝 실 땀 따라 청색 나비 날고 홍색 꽃 핀다
계절마다 웃음 수 놓인다
어둠 안개 피고 진 뒤엔 밤 내 하늘 이슬 내린다
뜨건 촛 눈물 흐른다
혀끝엔 굳은 나뭇결이 붉디붉게 새겨진다
뒤엉킨 하늘 구름 실 타래 풀고 있다
한 줌 몽달실 매듭 잡아 빼도 나오질 않는 청홍색실….

어미 품

어미 품이 좋다
바람이 불어와도
어미의 날개깃 속은 구름 하늘 집이다

마음이 고통스러워도
그곳은 물결토지 요람이다

사방을 헤매다
손을 내밀면 아침 이슬로 몸을 씻겨주는
빛나게 하는 곳
모태 초록 방이다.

주름진 이름표 하나

여든 주름이 느낌표를 찍는다
겹겹이 접혔던 물결들 풀려
바람결에 흩어진다
산길 밟으며 국화꽃 구름 위에 누웠다
마 · 지 · 막 이름표 하나

상여 지나간 자리 상형 문자 돋는다
산 자 떠나는 자 사이로
여든 해 소한절에 마침표를 찍는다

아침 햇빛 곱게 들고 달빛이불 살포시 덮어줄
휘이휘이 하늘 들판 풍경 한 장 찍고 있다

한 시절 푸른 바람 눈시울로 달려오고
밤이면 별빛 여울 온갖 야생풀 향
솔잎 바람 새 울음에 젖을 즘
가슴에 새겨진 이름 잊혀질 즘
빗살무늬토기 혼담 긴
큰 별 이름표 하나 달겠지
훗날 아주 앳된 별빛 구름
주름진 이름표 하나.

하정림

부산 출생
월간 ≪한맥문학≫ 시부문 시인상 등단
한국문인협회 회원
고양시문인협회 회원
타래시동인회 사무국장 역임
한국시치료협회 시치료사
노인상담심리사
공저 시집 『가을날의 억새』, 『바람이 있는 풍경』
『호수에 잠든 꽃』 등 다수
시 치료 시집 『라파트리 · 2』 등

E-mail : hajr1004@hanmail.net

묵주기도 외 5편

하 정 림

세모 · 네모 · 오각뿔
마음 속 가득 찬 도형들
뾰족뾰족 실룩실룩
서로가 서로를 부딪쳐 깎아낸다

동글동글 부드러운
묵주 한 알의 평화를 닮으러
오늘도 드르륵 드르륵…

별빛을 바라보며

평소 입던 옷을 입고
이제 나들이 하듯
추억이 휘말려들 듯이
소녀가 되어
하늘 멀리 날아 볼래요
별빛은 구름 사이로
파문 일으키지만
어둠은 아무런 말이 없어요
가만히 귀 대어 보면
아직도 그 파닥거리는 별 하나
눈동자 속에서 번지던 별빛이
반짝이는 낱말들 붙잡아
하나하나 팽팽히 휘파람 불어요

아침

길이 없는 밤은 너무 깊었지만
여명을 흩뿌리고 돌아선 뒤
새벽 별도 꿈결 따라 사라지면
새로운 빛이 스미고
하루를 시작하는 순간
꼭 맑은 마음으로
얼굴로 서로 마주하지 않아도
숨을 고르고 움직이는 설레임
억지로 짜내게 해도
또 하루를 시작하는
아침은 귀한 선물이다

들꽃의 시간

이른 아침
서로 몸 기댄 초롱초롱한 이슬
풀숲 사이 곱게 들꽃에 맺혀
백옥의 진주 알맹이로 보인다

해님이 연초록빛 신록에 취해
향기 가득 품어내어
바라보는 마음 안에
꽃등 수없이 켜놓는다

황홀한 노을이 질 때면
아름답던 자태의 들꽃들
바람결에 수줍어 고개 숙이지만
나조차 향기로울 수 있다면
나도 언젠가는
싱싱한 잎사귀 사이 피어난
향기로운 들꽃이 되고 싶다

초저녁

무거운 마음을 잘라내려
어둠을 자르는 초승달
절취선 없는 어둠에 깃든
무게에 실린 정
떠나보내지 못하고
아련한 그림자안고 살아가는
멈추지 않는 노을의 흔적
하루가 별 사이에서 녹아 흐른다

꽃이 피는 시간으로

낮은 산 안고 뜬 낮달 아래
눈물 나도록 한 몸 되어 흐르는
분홍빛 그리움이 매달린
향기 짙은 들꽃 몇 송이
그냥 보고만 있어도 좋다
꽃이 활짝 피는 소리가 들린다
모두가 꽃으로 피어나
이 세상이 이리 곱다

한승희

서울 출생
아호는 예담(藝潭)
시인, 수필가, 문해교육 강사
2016년 ≪에세이문학≫ 등단
은평문인협회 이사
에세이문학 회원
일현문학회 회원
타래시동인회 사무국장
수필집 『마음을 거닐다』
E-mail : djswpsk1960@hanmail.net

안식의 바지랑대 외 5편

한 승 희

아침 해가 웃음 지을 때
늘어선 행렬 분주한 걸음걸이
어제의 피로 떨쳐낸 말간 얼굴들
땅속 네모상자 문이 열리고 빨려 들어간다
커다란 아가리 속으로 쉼 없이 들어가는 군상들
지상에서 지하로 끊임없이 이어지는 무리들

어느새 다시 햇살 아래 서면
한 끼 밥 얻기 위한 경쟁의 소용돌이
비틀거리면서도 똑바로 서려는
우리네 반복되는 일상의 파노라마

하늘에 별이 내려와 거리에 깜박일 때면
삼삼오오 모여 앉은 밥상에
사임당 어머니 한 장이 차려낸
된장찌개 삼겹살 한 점
긴 하루의 소란을 잠재운다

지친 오늘을 안식의 바지랑대에 내건다

돌 틈 사이로

빼곡한 돌 틈 사이 고개 내민 풀꽃들

서로 알 수 없지만 여린 이웃들
이슬 한 모금 마셔도
소리 없이 강인하다
척박한 틈 사이
비바람에 지지 않고 피는 야윈 얼굴

시간을 거스르지 않고 해님 따라
과거를 견디며 지금을 숨쉬며
내일 향해 웃는다

분갈이

겨울바람 마른 흙 위에
윤기 잃은 잎사귀
어지러운 마음 엉키어 덩어리진 단단한 뿌리

빈 화분에
실타래 풀 듯 부드러운 흙 풀어 넣고
햇살 한 줌 바람 한 주먹 넣어
꼼꼼히 덮어준다

촉촉한 희망이 말없이 스며들어
겨우내 얼었던 마음 다독일 때
번져가는 푸른 메아리소리

생강나무 노란 등잔

삼월에 부는 바람
가슴속 파고드는 까칠한 꽃샘바람
기름기 없어 버석한 마른버짐 피어나고
벌어지는 옷깃 여미는 봄날

거무죽죽 껴입은 겨울을 벗지 못한 골짜기
느슨한 햇빛 따사롭게 번지면
겨우내 얼었던 땅 뭉긋이 풀어지고
혀 내밀어 부는 바람 간을 본다

물오른 나무 윤이 나기 시작하고
기다리던 시간 놓칠세라
뾰족 심지 새 생명을 내놓는다
생살 찢어가며 가만가만 노란 등잔 걸어놓는다

나비

이 눈부신 봄날
누가 보내는 사연일까

날개 접었다 폈다
보고 싶단 말일까

앉을까 말까
사랑한단 눈짓일 테지

알 수 없어 안타까운 마음
살며시 내 안으로 스며드네

카네이션

'사랑해' 문패 달고 왔네
노란 화분에 담긴
빨간 카네이션 꽃

햇살 잘 드는
바람 잘 통하는 곳에 두고
오며 가며 눈 맞춰주었네

겹겹이 핀 꽃잎에 깊숙이 숨겨놓았던
달콤한 향기 집안 가득 퍼지네

세상에 와서 가장 잘한 일
내 안에 꽃씨를 품은 일
소중히 여기며 가꿔준 일

따뜻한 엄마 품속 젖내음 그리워
해마다 피는 꽃 카네이션

허은주

한국문인협회 문학치유위원
한국문인협회 경기지회 문화교류위원장
한국불교문인협회 이사 · 사무국장 · 부회장 역임
월간한맥문학동인회 이사 · 부회장 역임
한국문인협회 의정부지부 10대 · 11대 지부장 역임
타래시동인회 회원
저서 『사랑이 있는 풍경』
공저 『꽃은 울지 않는다』 외 11권
E-mail : hej1402@hanmail.net

첫 만남 외 5편

허 은 주

보슬보슬 내리는 봄비처럼
살며시 다가온 그대
흐르는 물결처럼 한결같이
그 속에서 빛나는 조약돌 하나
지금도 숲속에 묻혀 있는
우리 젊은 날의 조각들
내 삶의 길모퉁이를 돌아
또 다른 길을 갈 때
아련한 행복으로 남아 있을
낯설지 않은 그리움 같은 것

낙엽 · 1

쓸쓸한 바람 불어
잎새 떨어지는 그날이 오면
가녀린 바람소리에도
떠도는 작은 영혼
망각의 오솔길에서
잊혀져갔던 시간들이
또 다시 찾아와
나를 흔든다

낙엽 · 2

창 너머 가을 햇살이
따사롭던 그 찻집
한 모금 녹아내리던
은은한 커피 향과
늦가을 호숫가의 추억
그리움으로 눈을 감으면
긴 여울 돌아
아쉬움으로 손을 흔드는 얼굴들
문득 돌아보면
노을 속으로 사라지는
긴 그림자

흔적

은빛 머리카락 몇 개
눈에 띄었네
문득 할미꽃이
떠올랐네

그 곁에 나를 닮은
청초한 제비꽃
하늘거리네

산

숲은 언제나 신비롭다
푸른 빛을 간직한 것은
모두가 나의 벗이며
사랑이며 인생이라네
힘겨운 오르막길에서
흘린 땀방울도
초록 융단이 깔린 듯한
산 아래 풍경도
작은 몸매의 분홍 나리꽃도
침묵으로 말하고 있네
산을 사랑하듯이
삶을 사랑하며
모두를 사랑하며
보듬고 살라하네

나무

화려했던 날들을 회상하며
또 하나의 연륜이 쌓이는 산길에
지금 아무것도 줄 것이 없거들랑
한때는 한 몸이었던
낙엽들의 겨울 이야기 들어주렴
계절이 지나는 길목
어느 한 곳이라도
떨구지 못할 그리움 한 자락 있거들랑
앙상한 가지 끝에 걸쳐 놓고
아지랑이 넘실대는 그날이 오면
우윳빛 결 고운 날개 하나 달아주렴
바람처럼 스쳐 지나갔던
내 숨결도 가끔은 기억해주렴

타래시동인회 스물여섯 번째 시집

들꽃의 시간

초판발행일 2022년 10월 1일

펴낸이 : 신다회
글쓴이 : 타래시동인회
편집위원장 : 한승희
카　페 : https://cafe.daum.net/taraelove
E-mail : edustory@hanmail.net
전　화 : 010-2320-9908

펴낸곳 : 도서출판 문학공원
주　소 : 서울 은평구 통일로 633 녹번오피스텔 501호
전　화 : 02-2234-1666　　팩　스 : 02-2236-1666
홈페이지 : www.munhakpark.com
E-mail : 4615562@hanmail.net

※ 책값은 뒤표지에 있습니다.
※ 저자와의 협의에 의해, 인지는 생략합니다.